AF230220

DE LA
DERNIÈRE REPRÉSENTATION

DU

MARIAGE DE FIGARO

AU THÉATRE FRANÇAIS,

LE JEUDI 2 NOVEMBRE 1820,

OU

HISTOIRE DE SES MUTILATIONS

DEPUIS SA NAISSANCE JUSQU'A NOS JOURS;

PETITE BROCHURE

DÉDIÉE AUX CENSEURS

> ...Tandis que moi, morbleu, il m'a fallu
> déployer plus de science et de calcul
> pour subsister seulement, qu'on n'en a mis
> depuis cent ans pour gouverner toutes
> les Espagnes. (*Monologue du 5e acte.*)

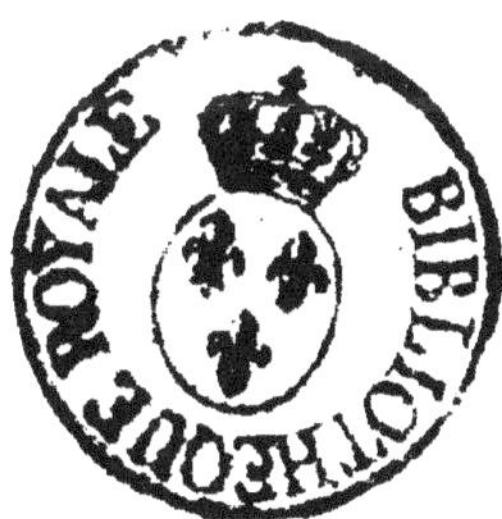

A PARIS,

CHEZ LES MARCHANDS DE NOUVEAUTÉS,

1820.

A PARIS, DE L'IMPRIMERIE DE A. ROBÉE,

RUE DE LA TABLETTERIE, N°. 9.

DE LA
DERNIÈRE REPRÉSENTATION
DU
MARIAGE DE FIGARO
AU THEATRE FRANÇAIS.

A la dernière représentation du Mariage de Figaro au théâtre Français, le jeudi 2 novembre, le public a fait rétablir une partie des passages supprimés autrefois par la censure impériale, et que supprime encore la censure d'aujourd'hui.

On devait s'attendre, depuis le retour des Bourbons, à voir abandonner ce système d'inquisition littéraire, ces précautions ombrageuses d'un homme qui fesait trembler l'Europe, et que le barbier Figaro fesait trembler. Cependant ces cauteleuses traditions étaient religieusement conservées. Le public semblait avoir oublié ce qu'on lui dérobait depuis si long-temps ; mais enfin il en a exigé, l'autre jour, la restitution : il a voulu entendre ce qu'il ne supposait plus qu'on eût intérêt à lui cacher.

Les journaux, soumis à la censure, n'ont rien dit de cette représentation remarquable ; c'est pour suppléer à leur silence que nous allons rendre un compte fidèle de ce qui s'est passé.

Au troisième acte, à la fin de la cinquième scène, on s'est aperçu d'une omission : Figaro, après avoir expliqué au comte Almaviva par quels moyens on s'avance dans les bureaux, esquiva la définition de la politique. Quelques voix s'élèvent pour réclamer le passage retranché, mais elles n'empêchent pas l'acteur Cartigny, chargé du rôle de Figaro, de quitter la scène. Damas, qui remplissait le rôle du comte, obtient un moment de silence, et dit : « Nous jouons la pièce telle qu'elle est approuvée. » — *Le morceau retranché !* reprend-on de toutes parts... *on le dit à l'Odéon.* Cartigny revient et s'excuse sur ce qu'il n'a point appris le passage qu'on demande. — *Lisez, lisez.* — Et Figaro, hésitant encore, est enfin obligé de prendre le livre des mains du souffleur, et après s'être recordé avec le comte, il reprend ici la scène :

« De l'esprit pour s'avancer ? Monseigneur se

rit du mien. Médiocre et rampant, et l'on arrive à tout.

LE COMTE.

....Il ne faudrait qu'étudier un peu sous moi la politique.

FIGARO

Je la sais.

LE COMTE.

Comme l'anglais, le fond de la langue ?

FIGARO.

Oui, s'il y avait de quoi se vanter. « *Mais* [qui] *d'ignorer ce qu'on sait, de savoir tout ce qu['on] [ignore], d'entendre ce qu'on ne comprend pas, de [n'en] ouïr ce qu'on entend; surtout de pouvoir au-de[là] de ses forces : avoir souvent pour grand secret [de] cacher qu'il n'y en a point; s'enfermer pour [tailler] des plumes et paraître profond quand on n'est, [comme] on dit, que vide et creux : jouer bien ou mal un per-sonnage, répandre des espions et pensionner des traîtres... Ici des applaudissements redoublés in-terrompent l'acteur; il est obligé de répéter [cet endroit] « Répandre des espions et pensionner des [traîtres] » et continue « amollir des cachets, interce[pter des] lettres et tâcher d'ennoblir la pauvreté des moye[ns par] l'importance des objets, voilà toute la politi[que, ou] je meure !*

LE COMTE.

Eh ! c'est l'intrigue que tu définis !

FIGARO.

La politique , l'intrigue , volontiers ; mais comme je les crois un peu germaines, en fasse qui voudra... »

Au cinquième acte , mêmes applaudissements à ce passage du monologue retranché si soigneusement à toutes les époques du gouvernement de l'ex-Empereur et Roi :

« Que je voudrais bien tenir un de ces puissants de quatre jours, si légers sur le mal qu'ils ordonnent ! quand une bonne disgrace a cuvé son orgueil, je lui dirais... que les sottises imprimées n'ont d'importance , qu'aux lieux où l'on en gêne le cours ; que sans la liberté de blâmer, il n'est point d'éloge flatteur , et qu'il n'y a que les petits hommes qui redoutent les petits écrits. »

Le morceau suivant, quoique ménagé par toutes les censures, a été vivement redemandé et répété au milieu d'éclats de rire universels.

« Las de nourrir un obscur pensionnaire, on me met un jour dans la rue ; et comme il faut dîner, quoiqu'on ne soit plus en prison, je taille encore ma plume et demande à chacun de quoi il est question : On me dit que pendant ma retraite économique , il s'est établi dans Madrid un système de liberté sur la vente des productions, qui s'étend même à celles de la presse ; et que, pourvu que je ne parle en mes écrits, ni de l'autorité, ni du culte, ni de la politique, ni de la morale, ni des gens en place, ni des corps en crédit, ni de l'opéra, ni des autres spectacles, ni de personne qui tienne à quelque chose, je puis tout imprimer librement.... sous l'inspection de deux ou trois censeurs. »

Dans le vaudeville final on a accueilli avec les mêmes transports le couplet suivant qu'on n'avait pas entendu depuis longtemps :

> Par le sort de la naissance,
> L'un est roi, l'autre est berger ;
> Le hasard fit leur distance ;
> L'esprit seul peut tout changer.
> De vingt rois que l'on encense,
> Le trépas brise l'autel ;
> Et Voltaire est immortel.

Nous avons avancé que le public n'avait fait rétablir qu'une partie des passages ordinairement supprimés dans la pièce de Beaumarchais. En effet il en est qui n'ont jamais été dits depuis 20 ans ; nous croyons qu'on les retrouvera ici avec plaisir.

L'ivrogne Antonio s'écrie encore aujourd'hui, « si je ne buvais pas je deviendrais en rage) »; mais depuis longtemps on a reconnu que le passage suivant était *une de ces grosses, grosses vérités* qu'il fallait taire, et il ne dit plus :

« *Boire sans soif et faire l'amour en tout temps, il n'y a que cela qui nous distingue des autres bêtes.* »

Au monologue du 5° acte, après ces mots :

« Pour profiter de cette douce liberté, j'annonce un écrit périodique, et croyant n'aller sur les brisées d'aucun autre, je le nomme *journal inutile.* Pou-ou ! je vois s'élever contre moi mille pauvres diables à la feuille ; on me supprime et me voilà de rechef sans emploi ! Le désespoir m'allait saisir ; on pense à moi pour une place, mais par malheur j'y étais propre ; il fallait un calculateur, ce fut un danseur qui l'obtint. »

Figaro ajoutait autrefois :

« *Il ne me restait plus qu'à voler, je me fais banquier de Pharaon : alors, bonnes gens ! je soupe en ville, et les personnes, dites* COMME IL FAUT (1),

---

(1) On voit que ces personnes *comme il faut*, ont constamment eu sous le gouvernement impérial et sous le gouvernement royal assez de crédit pour faire mettre ce passage à l'index.

Le Mariage de Figaro est taxé d'immoralité, et voilà le morceau qu'on en retranche.... !

m'ouvrent poliment leur maison, en retenant pour ell[...]
les trois quarts du profit. J'aurais bien pu me remonter[...]
je commençais même à comprendre que, pour gagner[...]
du bien, le savoir-faire vaut mieux que le [...]
Mais comme chacun pillait autour de moi, en [exi-]
geant que je fusse honnête, il fallut bien périr
encore. » (1)

Vers la fin du même monologue, qu[...]
Figaro a dit :

» O bizarre suite d'événements! comment cel[...]
m'est-il arrivé ! pourquoi ces choses et non [...]
d'autres? qui les a fixées sur ma tête? forcé de
parcourir la route où je suis entré sans le [savoir,]
comme j'en sortirai sans le vouloir, je l'ai jon[...]

---

(1) (*Extrait de la Préface du Mariage de Figaro*).
« En général le grand défaut de ma pièce est, *que je ne l'ai*
point faite en observant le monde; qu'elle ne peint rien de
ce qui existe, et ne rappelle jamais l'image de la société où
l'on vit; que ses mœurs basses et corrompues n'ont pas même
le mérite d'être vraies. Et c'est ce qu'on lisait dernière-
ment dans un beau discours imprimé, composé par un
homme de bien (*) auquel il n'a manqué qu'un peu d'esprit pour être un écrivain médiocre. »

(*) Suard de l'Académie française.

d'autant de fleurs que ma gaîté me l'a permis. »

Il doit reprendre :

Acte 1. Scène I.

« *Encore je dis ma gaîté, sans savoir si elle est à moi plus que le reste, ni même quel est ce moi, dont je m'occupe; un assemblage informe de parties inconnues; puis un chétif être imbécille; un petit animal folâtre; un jeune homme ardent au plaisir: ayant tous les goûts pour jouir; fesant tous les métiers pour vivre.* »

Acte 1. Scène II.

Lorsque le comte furieux dit à son valet qu'il vient de surprendre aux pieds de la comtesse :

« Non, si quelque chose pouvait encore augmenter ma fureur! ce serait l'air calme qu'il affecte ».

Figaro répond avec sang froid.

« *Sommes-nous donc des soldats qui tuent et se font tuer pour des intérêts qu'ils ignorent! je veux savoir, moi, pourquoi je me fâche.* » (1)

---

(1) Et quelles raisons pour supprimer encore aujourd'hui ce morceau, que *l'affamé conquérant qui voulait avaler la terre*, avait si sévèrement rayé de son Code militaire, comme *vérité qui n'était pas bonne à dire à ses soldats?* Voudrait-on donc mener encore une fois notre armée à Moscou....? ou l'envoyer encore une fois *sauver* l'Espagne....?

Enfin voici deux couplets dont nous ne vou-
lons pas priver nos lecteurs comme on en
prive les habitués du théâtre Français :

> Chacun sait la tendre mère,
> Dont il a reçu le jour ;
> Tout le reste est un mystère,
> C'est le secret de l'amour.
> Ce secret met en lumière,
> Comment le fils d'un butor
> Vaut souvent son pesant d'or.

> Or messieurs, la comédie
> Que l'on joue en cet instant,
> Sauf erreur, vous peint la vie
> Du bon peuple qui l'entend.
> Qu'on l'opprime, il peste, il crie ;
> Il s'agite en cent façons ;
> Tout finit par des chansons.

Après avoir reproduit les passages supprimés sous le régime impérial et sous le régime
actuel, il nous reste à rappeler un morceau
retranché sous l'ancien régime, et dont Beaumarchais ne fit le sacrifice qu'à regret (1).

____

(1) J'ai bien regretté ce morceau, et maintenant que la
pièce est connue, si les comédiens avaient le courage de le
restituer à ma prière, je pense que le public leur en saurait

C'est à la fin de la dix-septième scène du troisième acte, après la reconnaissance de la mère de Figaro , lorsque Brid'oison a dit :

C'est clair , i-il ne l'épousera pas.

Bartholo reprend :

Ni moi non plus.

MARCELINE.

Ni vous ! et votre fils? vous m'aviez juré.....

BARTHOLO.

J'étais fou. Si pareils souvenirs engageaient , on serait tenu d'épouser tout le monde.

BRID'OISON.

E-et si l'on y regardait de si près , pe-ersonne n'épouserait personne.

---

beaucoup de gré, ils n'auraient plus même à répondre, comme je fus forcé de le faire à certains censeurs du beau monde, qui me reprochaient à la lecture, de les intéresser pour une femme de mauvaises mœurs. — Non, messieurs, je n'en parle pas pour excuser ses mœurs, mais pour vous faire rougir des vôtres , sur le point le plus destructeur de toute honnêteté publique, la *corruption des jeunes personnes;* et j'avais raison de le dire que vous trouviez ma pièce trop gaie, parce qu'elle est souvent trop sévère. Il n'y a que façon de s'entendre. (Beaumarchais, *Préface du Mariage de Figaro.*)

BARTHOLO.

Des fautes si connues! une jeunesse déplorable!

MARCELINE, (*s'échauffant par degrés.*)

Oui déplorable, et plus qu'on ne croit! je n'entends pas nier mes fautes, ce jour les a trop bien prouvées. Mais qu'il est dur de les expier après trente ans d'une vie modeste! j'étais née, moi, pour être sage, et je le suis devenue sitôt qu'on m'a permis d'user de ma raison. Mais dans l'âge des illusions, de l'inexpérience et des besoins, où les séducteurs nous assiégent, pendant que la misère nous poignarde, que peut opposer une enfant à tant d'ennemis rassemblés? Tel nous juge ici sévèrement, qui, peut-être, en sa vie a perdu dix infortunées!

FIGARO.

Les plus coupables sont les moins généreux; c'est la règle.

MARCELINE, (*vivement.*)

Hommes plus qu'ingrats, qui flétrissez par le mépris les jouets de vos passions, vos victimes! c'est vous qu'il faut punir des erreurs de notre jeunesse; vous et vos magistrats si vains du droit de nous juger, et qui nous laissent enlever par leur coupable négligence, tout honnête moyen de subsister.

....Dans les rangs même les plus élevés, les femmes n'obtiennent de vous qu'une considération dérisoire ; leurrées de respects apparents, dans une servitude réelle ; traitées en mineures pour nos biens, punies en majeures pour nos fautes ! Ah ! sous tous les aspects, votre conduite avec nous fait horreur ou pitié !

FIGARO.

Elle a raison !

LE COMTE   (à part.)

Que trop raison !

BRID'OISON.

Elle a, mon-on dieu, raison.

MARCELINE.

Mais que nous font, mon fils, les refus d'un homme injuste ? Ne regarde pas d'où tu viens, vois où tu vas ; cela seul importe à chacun. Dans quelques mois ta fiancée ne dépendra plus que d'elle-même ; elle t'acceptera, j'en réponds : Vis entre une épouse, une mère tendres qui te chériront à qui mieux-mieux. Sois indulgent pour elles, heureux pour toi, mon fils ; gai, libre et bon pour tout le monde : il ne manquera rien à ta mère.

FIGARO.

Tu parles d'or, maman, et je me tiens à ton avis. Qu'on est sot en effet ! il y a des mille et des mille

ans que le monde roule, et dans cet océan de durée
où j'ai par hasard attrapé quelques chétifs trente ans
qui ne reviendront plus, j'irais me tourmenter pour
savoir à qui je les dois! tant pis pour qui s'en in-
quiète. Passer ainsi la vie à chamailler, c'est peser
sur le collier sans relâche comme les malheureux
chevaux de la remonte des fleuves, qui ne reposent
pas, même quand ils s'arrêtent, et qui tirent toujours
quoiqu'ils cessent de marcher. Nous attendrons (1).

___

(1) Serait-ce donc aussi à la sollicitation *des dames comme
il faut*, que cette scène a été retranchée aux premières représentations, et qu'elle l'est encore aujourd'hui?

Voici ce qu'alors Beaumarchais écrivait à *M. le duc de
Villequier, qui lui demandait sa petite loge pour des femmes
qui voulaient voir* Figaro *sans être vues.*

« Je n'ai nulle considération, M. le duc, pour des femmes
qui se permettent de voir un spectacle qu'elles jugent mal-
honnête, pourvu qu'elles le voient en secret; je ne me prête
point à de pareilles fantaisies. J'ai donné ma pièce au public
pour l'amuser et non pour l'instruire, non pour offrir à des
bégueules mitigées le plaisir d'en aller penser du bien en
petite loge, à condition d'en dire du mal en société. Les
plaisirs du vice et les honneurs de la vertu, telle est la pru-
derie du siècle. Ma pièce n'est point un ouvrage équivoque,
il faut l'avouer ou la fuir.

« Je vous salue, M. le duc, et je garde ma loge. »

Beaumarchais, forcé de sacrifier cette scène, ne renonça pourtant pas aux sentiments généreux qui la lui avaient dictée. Il n'avait pu faire entendre aux hommes de tous les rangs, combien ils sont méprisables de suborner, de plonger sans pitié dans la misère *toutes les jeunes filles du peuple, douées d'une jolie figure....* Il chercha du moins à adoucir le sort de ces victimes de la déshonnêteté publique.

Quand il vit que la pièce atteindrait sa cinquantième représentation (1), il annonça dans le Journal de Paris, qu'il destinait le produit de sa part d'auteur à l'œuvre de charité la plus utile et la plus intéressante.

« Cette œuvre de bienfaisance a été enfin connue par l'annonce de la cinquantième représentation *donnée au profit* des *MÈRES-NOUR-RICES, dont le produit entier leur a été consacré tant par les comédiens que par l'auteur.....* Quelque soit le motif qui ait dirigé M. de Beaumarchais, on ne peut qu'applaudir à la bonne œuvre qu'il vient de consommer, et à l'offre qu'il a faite de consacrer en entier le produit de sa part d'auteur qui passe déjà

Correspon-
dance
de
Grimm.
3e. Partie.
3e. Volume.

---

(1) Mademoiselle Arnoult avait dit dès le premier jour : C'est un ouvrage à tomber cinquante fois de suite.

36,000 livres , au soulagement des femmes
pauvres qui nourrissent elles-mêmes leurs en-
fants , si l'on voulait ouvrir une souscription
à cet effet ».

Nous n'aurions pu , sans sortir du cadre que
nous nous sommes tracé , tirer des mémoires
du temps tout ce qui est relatif aux premières
représentations du Mariage de Figaro et à
cette époque de la vie de Beaumarchais, quelque intérêt que présentent ces mémoires sous
le rapport historique et sous le rapport littéraire. Nous nous bornons à renvoyer au deu-
xième volume de la troisième partie de la
Correspondance de Grimm, ceux de nos lecteurs qui seraient curieux de savoir comment
et après quelles difficultés la pièce fut admise ,
par qui elle fut blâmée, déchirée, louée et
même jouée. On trouvera à la page 492 , des
détails que la décence ne nous permettrait
pas de rapporter.

Après avoir jeté les yeux sur les fragments
que nous venons de rassembler ici, on ne
pourra sans doute s'expliquer la nécessité de
ces mutilations.

En effet , la politique du jour a-t-elle le
moindre trait de ressemblance avec la politique
de Figaro ?

Nos grands hommes ont-ils rien à redouter de nos petits écrits ?

Nos puissants de quatre jours ne sont-ils pas infaillibles dans leurs décrets, comme ils se croient inamovibles tant qu'une bonne disgrace n'a pas cuvé leur orgueil ?

Voit-on nos maisons comme il faut, aller sur les brisées de la Ferme des Jeux, si sagement instituée pour le repos des familles, comme la loterie le fut pour le bonheur du peuple ?

Nos Basiles ont-ils autrement défini le MOI en son essence, que ne l'a fait notre Barbier ?

Nos savants titrés se sont-ils avisés de déclarer anti-physiologique le caractère distinctif de l'homme d'après Antonio ?

Nos soldats se sont-ils jamais demandé pourquoi on leur donnait le droit affreux d'égorger leurs semblables ?

Enfin. nos jeunes filles sans fortune sont-elles exposées aux poursuites et à l'abandon d'un riche corrupteur ? Nos magistrats ne donnent-ils pas eux-mêmes l'exemple des bonnes mœurs ? Et la bienfaisance n'est-elle pas la vertu du siècle ?

TABLE

DES PASSAGES ORDINAIREMENT RETRANCHÉS

www.ingramcontent.com/pod-product-compliance
Lightning Source LLC
Chambersburg PA
CBHW051246070726
47594CB00013B/3450